Ahmed Hasnaoui

La religion

Ahmed Hasnaoui

La religion

Éditions Croix du Salut

Imprint
Any brand names and product names mentioned in this book are subject to trademark, brand or patent protection and are trademarks or registered trademarks of their respective holders. The use of brand names, product names, common names, trade names, product descriptions etc. even without a particular marking in this work is in no way to be construed to mean that such names may be regarded as unrestricted in respect of trademark and brand protection legislation and could thus be used by anyone.

Cover image: www.ingimage.com

Publisher:
Éditions Croix du Salut
is a trademark of
International Book Market Service Ltd., member of OmniScriptum Publishing Group
17 Meldrum Street, Beau Bassin 71504, Mauritius

Printed at: see last page
ISBN: 978-613-7-36925-8

Avant-propos :

Je pense que tout individu est en mesure de donner son avis sur n'importe quel sujet ; un avis à prendre en considération sinon à rejeter carrément. La religion, un thème fort délicat, est-il une sorte de chasse gardée, réservée à des éminents érudits (uléma) pour avoir suivi une sorte de cursus spécial ? Sinon avoir étudié à fond des grands bouquins, œuvres de grands maîtres spécialistes en la matière et versés dans le traitement de ce sujet particulier ?

Le moins qu'on puisse dire en abordant le thème de la religion est d'éviter d'écrire avec passion, et d'adopter une sorte de neutralité. On procède ainsi à une sorte de synthèse des connaissances acquise durant de longues années sinon toute une existence. Des individus de génie, pouvant étudier en un temps record la question et puis se faire une idée quelconque ou précise à communiquer à autrui existent bel et bien.

En tant que croyant, éveillé, cherchant à approfondir ma foi, l'ancrer par le moyen de connaissances fiables, j'ai remarqué que la religion abordée par un tas de gens, hommes et femmes, un peu partout suit une sorte de description de quelque chose qui flotte en surface d'une vaste étendue d'eau. Et on a tendance, toujours, à parler d'enfer et de paradis, récompense ou châtiment, dans un au-delà. Licites ou défendus sont les actes accomplis au quotidien. On parle aussi de prières à observer avec rigueur et la pratique du bien en général. Toutefois, on fait peu sinon pas d'allusion à la dimension du mal..... !

Être un fervent pratiquant d'une religion, cela a-t-il un quelconque effet sur notre passage sur terre ? Est-ce que nous aurons après quelque temps, une autre vision de ce qui est la vie ? Continuerons-nous à courir derrière un bien-être matériel ? Garderons-nous une forte personnalité sinon plus ou bien cette dernière fendra dans une espèce de délaissement de tout confort... ? Etc.

Mon approche dans la présente étude se veut, avant tout, philosophique ; qui a pour appui une expérience personnelle de tout ce qui évolue dans mon environnement immédiat. J'ai vu et continue à voir juste sinon je passe à côté de la plaque.... ? Ceux qui auront l'opportunité de consulter ces pages auront leur mot à dire à cet effet.......

Introduction

Peut-on concevoir, dans notre esprit, une existence sans religion ? Si oui, cela revient à dire qu'il n y a ni créateur ni créature. Le système binaire qui se veut que toute chose a son opposé, perd toute sa signification. Et si, l'adoration, encore plus le dévouement pour un Dieu unique bon et miséricordieux, mettent les voiles, la crainte d'être sommé un jour de rendre des comptes ouvre une porte toute grande sur l'anarchie. Concevoir que l'être humain ressemble à quelque chose comme un ange déchu..... Est un état d'esprit d'un passage sur terre, très bref, mûrement réfléchi, il n'est guère une utopie. Dans cet ordre d'idées, on vit avec un espoir toujours renouvelé d'être racheté. Bien installé, on jouit des bienfaits du seigneur pour nous avoir octroyé la santé et autres ; pas logé à bonne enseigne, on compense notre infortune par la patience.

…………………………………… …………………………………… ………………

Que certains gens soutiennent que la pratique de la religion est comme quelque chose de périmée et arguent pour cela l'avancée extraordinaire de la science dans tous les domaines, à ceux-là la réponse est fin prête : science et religion vont de paires, elles chevauchent en parallèle ; avec la religion qui est toujours en tête et le sera jusqu'à la fin des temps comme telle. La religion dépasse la science de plusieurs années lumières..... !

…………………………………… ………………………………… ……………

Qu'est-ce que le bon dieu est en mesure de demander à un être qu'il a créé de toutes pièces...... sinon que de lui montrer le droit chemin, susceptible de le mener à bon port ? La où finit cette existence, triste pour les uns ; tel un paradis sur terre pour les autres, commence une autre forme de vie qui n'a peut-être rien de commun avec la première.

La bas, dans l'au-delà, le hasard, appelé comme tel par les humains, n'a plus raison d'exister. On a bien travaillé ou non et on ne récolte que le fruit de ce qu'on a semé.

………………………………… …………………………… ………………………….

Dieu est bon, clément et miséricordieux il se montrera fort indulgent et passera sous silence un tas de mes fautes ; quant à sa grâce elle n'a pas son pareil.

'' Ne regarde point, a dit le poète, mes actes répréhensibles, mais prend en compte ma faiblesse et l'étroitesse de ma situation.......

Chapitre : 01

La pratique de la religion a des racines profondes bien ancrées dans la nuit des temps. Depuis son apparition sur terre, le père de l'humanité est resté à tout moment en contact permanent avec son créateur. Depuis lors, des générations d'hommes et de femmes qui lui ont succédé, par le fait de ne pas voir et entendre ce que ce dernier a vu et entendu, quelques-uns d'entre eux ont commencé à avoir du doute quant à leur condition de créature et rien d'autre. Plus le temps passe et plus leur éloignement dans l'espace et dans le temps de leur créateur se faisait sentir. Comme parachuté sur un lieu hostile, on avait beaucoup plus de soucis en ce qui concerne une lutte pour la survie. Du statut de prédateur, on est passé à la culture de la terre, à l'élevage des animaux et des volatiles etc. rien n'est facile et pour parvenir à tirer le maximum de toute entreprise, une discipline, un savoir-faire accumulé au fil des années, est de rigueur. D'une génération à une autre durant des siècles, des informations se sont accumulées chez les et les autres pour constituer de véritables sciences. Des hommes de génie ont vu le jour que la terre n'a jamais porté. A chaque fois, il y a eu comme appropriation d'un tas de connaissances relatives à un secteur d'activité pour faire une synthèse, une sorte de tri qui consiste à séparer la bonne graine de l'ivraie, puis apporter son grain de sel, un plus, résultat d'une longue expérience etc.

....

Que la surface de la terre est spacieuse pour contenir tout le monde à même d'être nourri avec espoir d'avoir une descendance pour lui laisser l'héritage d'un savoir ; un métier ou un bien matériel, n'en demeure pas moins de voir s'entasser dans des lieux bien déterminés un tas de gens pour se disputer un bout de croûton. On suit un instinct animal de conservation au hasard derrière un aventurier, les opportunités qu'il offre. Et on a tendance à ignorer nos capacités réelles. On ignore ou on feint d'ignorer qui nous sommes ! De ces ruées vers l'or ; d'exodes ruraux, résulte quelques réussites fulgurantes, la plupart du temps une misère sans nom, et plus encore le dénouement de familles entières.

....

Dès qu'il est en mesure de le faire, l'individu entame une course contre la montre en quête d'un bien-être souvent imaginaire. Satisfaction, il y a point. On ne s'arrête que lorsqu'on n'a plus la force sinon le courage d'aller de l'avant. Trop vieux on marque un arrêt, sorte de stop obligatoire, tout en disant que cette fin arrive un peu trop tôt. Pour d'autres encore jeunes, une maladie les cloue au lit ; un accident les rend handicapés pour le restant de leur vie. Commence alors une sorte de lamentations à longueur de journée et même au beau milieu de la nuit, on se réveille pour broyer du noir dans le noir. A aucun moment, peut-être, on pense avoir fait fausse route, ou il y a une autre manière d'appréhender cette existence, plus bénéfique sinon plus utile.

Chapitre : 02

Une existence sans difficulté aucune cela n'existe pas. Différents problèmes jalonnent le circuit de tout un chacun ; on sort d'une crise pour mettre un pied dans une autre plus ou moins aiguë. Des moments de répit existent bel et bien ; des passages à vide aussi. Plus d'un relatent que dans un passé récent ils étaient tels des princes au milieu d'un paradis, lorsque quelque chose qui a un dénominateur commun avec le mal est venu frapper à leur porte. Certains cela leur arrive pour la première fois, d'autres ont connu une situation similaire dans un passé lointain et pensent avoir fini avec cette vie de galérien pour de bon. Mal préparés à ce genre de problèmes, du jamais vu sinon présentant un caractère nouveau de fond ou de forme. Les réactions des uns et des autres peuvent faire l'objet d'une étude par des spécialistes en la matière. Cela a un lien étroit avec le parcours de cet individu ; plus il a avancé dans l'âge et plus il faut remonter loin dans le temps pour avoir des informations complètes le concernant. A aucun moment, peut-être, que certains ne pensent que ce n'est rien qu'une mise à l'épreuve par une entité supérieur, en l'occurrence le créateur des cieux et de la terre..... !

………………………………… ……………………………… ………………………

Il n y a pas que les difficultés qui donne matière à réflexion. Untel a fait comme une traversée du désert. Tout perdu pour n'avoir plus de toit sur la tête. assis dans un coin de rue, sous un pont ou sous un arbre, mal foutu à point et réduit à quémander un morceau de pain qu'il arrive difficilement à ingurgiter en le faisant descendre avec de la flotte.

Les jours se suivent et se ressemblent depuis son atterrissage forcé, genre chute libre dans la disgrâce. A aucun moment il estime être en mesure de renouer avec un paradis perdu à jamais. Et voilà, quelque part, il est sur écoute filmé et visualisé H 24. D'une manière tout à fait naturelle qui ne souffre d'aucune ambiguïté, il y a comme un horizon qui s'éclaircit. Rien qu'une simple pensée, genre idée qui s'agite dans l'esprit, approuvée par la conscience pour nourrir tout un projet à mettre à exécution, si bien sûr les moyens le permettent.....

Comme par hasard, un hasard qui n'existe pas, quelque chose qui sort de l'ordinaire se produit. Un atout majeur, un savoir-faire jeté aux oubliettes, et classé comme hors d'usage, sans utilité aucune, qui se réveille tel un volcan en irruption. Métamorphose, il y a, de sorte que l'individu en question devient méconnaissable dans son environnement immédiat...... ! Toute nouveauté en matière de bien-être ou de santé financière constitue comme un organe moteur chez ce dernier, pour le propulser vers l'avant. Toutefois, ce bien-être en espèce ou en nature est souvent accompagné par tout un protocole qui escorte ce bien, tombé du ciel, ou acquis, selon les uns par la force des bras et le travail de la jugeote. Cela commence, généralement, par des signes avant-coureurs. L'individu susceptible d'être gratifié par le moyen d'un bien quelconque se surprend en train de rêver....... Et si jamais ceci ou cela arrive, je ferai quoi avec ? Le corps, lui aussi, qui a mis tous les sentiments et frustrations en veilleuse, dès l'acquisition de ce bien, petit à petit, manifeste son désir d'être récompensé pour avoir souffert, et clame à cor et à cris sa part du gâteau.... !

Chapitre : 03

L'être humain, une créature bizarre...... ! En difficulté ne sachant où donner de la tête, il se fait tout petit implorant la pitié ; à l'abri du besoin, encore plus, riche comme crésus, lui poussent des cornes. Le qualificatif de : beaucoup ; trop ; longtemps etc. est utilisé comme une eau qui coule d'un ruisseau pour signifier j'ai beaucoup souffert, je suis resté trop longtemps dans une espèce de misère à ne pas décrire..... Dans ce cas précis, puisque le sort a voulu que je devienne riche alors autant en profiter. Dans cet ordre d'idées, notre moi, profond, devient délicat. De nouvelles idées jamais eues auparavant traversent notre esprit comme quoi : ---- peut-être que c'est là nos derniers jours à écouler sur terre ; untel à notre place aurait vite fait de se remarier plusieurs fois de suite.

…………………………………   …………………………………   …………………

Au sortir d'une misère, un individu devenu riche fait comme une sorte de découvertes, les unes plus folles que les autres. Visant toujours plus loin ; plus haut ; être servi devient un dû réservé à son auguste personne.

…………………………………   ……………………………   ………………………………

Perdre la tête, n'est pas juste une expression prononcée dans des circonstances particulières. Un individu qui a de la jugeote prend le temps d'étudier la situation à laquelle il est confronté. Issue de secours, il y en a toujours. Difficile peut-être, demandant même de lourds sacrifices à faire ou bien choisir la facilité menant, peut-être, à une perte.

……………………………………   ………………………………   ………………………

Perdre et gagner, c'est ce que fait tout un chacun au cours de son passage sur terre. Le concepteur pour nous avoir fait mortels a fait aussi que nous dépendons d'une énergie. Puisée dans trois matières qu'on fait introduire dans notre organisme, cette énergie s'épuise et sans cesse nous sommes appelés à la renouveler. Idée générale, ce mode d'évolution permettant d'avoir des rapports très étroits entre entités de cette race douée de raison. Le contraire, de concevoir un être parfait, qui a tout ne fera ni le bien ni le mal.

Chapitre : 04

Tout à fait comme un être qui vient de l'espace, un nouveau-né chute ici, sur terre, pour mener une existence d'un point à l'autre, à savoir la naissance et le trépas. Il n'en n'a aucune idée. Ses parents, père et mère lui dispensent une éducation, bonne ou mauvaise, que plus tard il en jugera l'efficacité sinon le fourvoiement. Son entourage, des fois sans le vouloir vraiment ne manque pas de lui prodiguer conseils et recommandations. Il va, le petit bonhomme ou petite fille, compléter sa formation à l'école et puis un peu partout, dans la rue etc. il met un pied dans le monde du travail et continue à glaner des informations utiles, pouvant servir dans l'immédiat et plus tard. Au fur et à mesure, aussi, certaines actions lui permettent de cueillir des fruits ou au contraire essuyer des échecs. Pour avoir fait l'objet d'une mise en pratique, un enseignement ou information, sont comparés à une graine semée dans le sol, résultat est que tôt ou tard cette graine germera.

………………………………   ……………………………   ………………………

En contact avec les autres, nos semblables, il y a nécessairement des nouvelles connaissances à acquérir, d'autres inutiles genres idées noires à jeter aux oubliettes. On jauge ; on pèse ; on compare ce qu'on a dans la tête avec ce qui évolue sur le terrain, on se fait une idée vague ou bien précise.

Dans notre esprit, sans pouvoir accéder à beaucoup de choses, on se comporte en suivant notre instinct tout en sachant que le temps nous est compté. Toutefois, délices ou mal vie couvrent comme un voile beaucoup de vérités.

……………………………… …………………………………… …………

Pourrait-on se limiter à boire et à manger et puis se reproduire….. ? Notre passage sur terre aurait-il un sens ?

Au cours de notre passage par différentes étapes, on rencontre sur notre chemin un tas de gens avec différentes mentalités. Bien au début, la notion de bon et du mauvais s'affiche comme sur un écran pour limiter autant que faire se peut des relations avec untel, avec un autre on entretient des relations très étroites pour avoir vu en son comportement beaucoup de traits en commun.

Et puis, une personne peut, rester longtemps avec un état d'esprit, elle peut brûler beaucoup d'étapes pour accéder à certaines vérités, le cas échéant observer un net recul pour sombrer dans une espèce de semi inconscience. Ne plus avoir de contact avec ce qui évolue autour de lui, ce qui équivaut à une perte de vitesse pour suivre ce qui se fait et ce qui se dit, on lui colle dans ce cas le qualificatif de sot, arriéré etc.

Chapitre : 05

Entre faire des pieds et des mains pour conserver une situation d'individu logé à bonne enseigne et celle d'une lutte acharnée pour avoir un bout de pain rassis, des fins observateurs essayent de savoir le pourquoi du comment des choses. Que de fois, traversent l'esprit de beaucoup de gens tel que : --- n y aurait- il pas une meilleur manière de vivre ?

A l'infini, jusqu'au dernier souffle, certains demeurent perplexe sans fournir une réponse à un tas de questions qui les taraudent. Mais ceux qui passent à l'action ont du mal à dépasser une limite psychologique d'un moi qui refuse toute aventure……. Cette tentative d'apporter un quelconque remaniement de nos relations avec les autres, s'il touche des intérêts vitaux est mal vu. On doit s'attendre à des réactions diverses. De la simple coupure des ponts, à une mise de bâton dans les roues. Que dire d'une personne laquelle tout d'un coup entame une relation avec le bon Dieu…… !?

……………………………… …………………………………… ………………

Croire en un Dieu, bon clément et miséricordieux, n'est pas une affaire aussi simple…… ; un au-delà après résurrection pour rendre des comptes…… !? J'avoue que cela bouche un coin pour plusieurs d'entre ces créatures humaines. Croire ou non peut- être un simple mot à prononcer dans certaines situations. On loue inconsciemment, le seigneur pour un bien qui nous choit sur la tête alors qu'on n'a fourni aucun effort. On implore le bon Dieu de nous gratifié d'une réussite dans telle entreprise. Et puis ça s'arrête là. Remettre sa destinée entre les mains de son créateur ; ça est toute une autre paire de manches.

……………………………………… ………………………………… ………………………

Croire en un Dieu, bon, clément et miséricordieux, revient à dire un tas de choses :

----- avouer son ignorance des éléments qui évoluent dans son environnement et dont il cerne mal les causes et effets qui leur sont liés ;

---- accepter sa condition de créature humaine avec ses qualités et ses défauts ;

---- demander sans cesse assistance et même du secours contre des êtres malveillants.

En ce qui concerne ces derniers, ennemis du bien sous toutes ses formes, il y a de quoi s'étaler longtemps et puis cela constitue un des piliers de l'adoration du créateur.

Chapitre : 06

Faudrait-il rappeler ce qui s'est passé, dans le ciel, lors de la création de cette entité appelée : être humain…. ? D'après tous les livres saints, une entité créée à partir du feu s'est hissée au rang des anges par le moyen d'une adoration sans pareil du seigneur des cieux et de la terre. Il a suffi de désobéir à un ordre précis pour que déchéance s'en suive. Devenue toute une dimension du mal pour être suivie par un certain nombre d'anges qui ont subi le même sort à savoir : la déchéance, à partir de ce fait avéré, l'opération qui pour but la perversion de cet être humain a commencé.

……………………………	……………………………………	………………………

Et Satan après moult tentatives a réussi par avoir raison de la ténacité d'Adam en consommant le fruit interdit. La colère divine a fait qu'humains et démons descendent sur terre. Ennemis les uns les autres, les entités invisibles qui nous accompagnent là où nous mettons les pieds avec pour mission : une destruction pure et simple et qui prend effet à partir d'un simple mot à prononcer : ----- une association d'une entité au bon Dieu, sinon la négation de toute existence divine.

Mais à ce stade-là cela ne fait que commencer ; la suite est toute autre, imprévisible réservant des surprises inimaginables.

………………………………	……………………………	……………………………

Depuis Adam, le père de l'humanité, beaucoup d'eau a coulé sous les ponts. Parler de religion aujourd'hui revient à revisiter un lointain passé auquel il est difficile de l'accepter soi-même, encore moins le faire accepter par un profane. Profane ici désigne un individu des deux sexes, évoluant dans un milieu lequel pour différentes raisons ayant peu ou plus de relations avec le divin…… !

En parallèle de ceux qui perdent ou font perdre toute croyance en un au-delà, il y a d'autres qui reviennent de loin—à défaut d'avoir vu le jour au sein d'un milieu de gens pieux--- pour faire comme épouser une nouvelle manière de vivre et où il y a comme fondement la religion qui prime sur toute autre considération.

…………………………………..	……………………………	……………………..

Les nouveaux venus, d'un côté comme de l'autre, ont une conviction plus ou moins ferme quant à leur devenir, dans un proche avenir pour les uns, pour une autre vie pour les autres. Dans les deux cas de figure, cela n'est guère facile. Pourquoi cela ? La réponse est que tout individu quel que soit sa position et malgré son brusque retournement de veste conservera pour un temps plus ou moins long quelques miettes de bonté et vice versa. Mais à partir d'un certain moment un point de non-retour pourrait être franchi…..

Chapitre : 07

Malgré notre bon vouloir, conserver une position médiane voire de neutralité relève d'un véritable parcours du combattant. On est écœuré devant le comportement ambigu, d'un proche parent ou ami, duquel on ne voit que la partie visible d'un iceberg.... ! Sur un autre plan, enseveli jusqu'aux oreilles dans une fange de misère, on est séduit par une série de réussites qu'untel exécute, comme sur une scène de théâtre, avec doigté. Ce dernier nous invite à le suivre et réitère sa demande plusieurs fois de suite. La personne qui cède et suit cet apôtre du diable sera aveuglée par un tas d'artifices dont le fond est indésirable. Travaillé toujours par deux forces opposées, on finira par prendre parti avec l'une d'elle.

…………………………… …………………………… ……………………………

Une autre personne, homme ou femme, dans notre environnement, est classée par la majorité comme naïve voire arriérée.... ! Se faisant toute petite, parfois elle tient un langage fort ambigu. Ne faisant pas du mal à une mouche. On peut la côtoyer longtemps sans avoir une idée exacte sur sa vraie nature. Des circonstances font qu'on essaye de l'approcher de plus près. Avec le temps et surtout la volonté du seigneur, en un temps record, quelque chose comme une lumière vient éclairer notre séjour sur terre.....

La plupart du temps cet individu qui a consacré sa vie au seigneur nous demande d'apprendre sans trop poser trop de questions. Un jour, peut-être, il y aura comme une élévation spirituelle. Les jours passent, le maître avec qui l'élève reste en contact permanent ne manquera pas de remarquer des transformations qui s'opèrent en la personne de ce dernier. A un stade bien déterminé, il lui annonce la bonne nouvelle :

---- voilà que tu es agréé ou bien tu as tel grade etc. .... Tu as eu ceci et cela, des problèmes qui t'ont presque fait perdre la boule et surtout secoué tel un séisme le fondement de ta personne et semé le doute dans ce que tu as de plus chère : la foi...... tes ennuis ne vont pas s'arrêter à cette étape là, mais il va y avoir, peut-être, un passage à une autre, plus dure...... ? Je ne saurai te dire..... Toutefois, actuellement tu détiens une arme redoutable que tes ennemis n'ignorent pas. Maintes et maintes fois encore, ils vont revenir à la charge. Adoptent en la circonstance plusieurs stratégies, comme à la guerre. Des visages de ta connaissance défileront devant toi. Les uns te décevront pour les avoir crus appartenir à une race supérieure, alors qu'ils ne sont rien ; d'autres émergeront du lot tels des lumières alors qu'ils sont comme des laissés pour compte..... !

Un conseil à te donner qu'il te faudra suivre à la lettre : la clémence...... la clémence et encore de la clémence avec tout le monde ; point d'assistance pour les ennemis du bien....

Chapitre : 08

Le bon Dieu est omniprésent ; le mal est un peu partout par le moyen de ses adeptes :

---- des anges déchus ;

---- des âmes errantes.

Ces derniers vont jusqu'à s'incarner en prenant comme support des corps humains...... !

Que reste-t-il aux gens de bonne volonté, persécutés de jour comme de nuit ? La religion demeure leur seul salut.

....

Le bon Dieu dans son immense sagesse a jeté du lest à ses ennemis et puis comme représailles :

----- l'impossibilité de s'exposer à la lumière ;

----- la crainte de la propreté, la bonne odeur etc.

Une damnation en bonne et due forme qui force ces êtres à se terrer et fréquenter les lieux de pourriture et d'odeurs nauséabondes ....

Plus que cela, qui n'a rien d'équivalent comme arme pour les anéantir : prononcer un de ses noms au nombre de quatre-vingt-dix-neuf, qui les fait fuir et même brûler les plus audacieux d'entre eux.

....

Le statut de guerrier à la solde du bon Dieu existe bel et bien. Inconsciemment, on le devient, pour s'en rendre compte après un temps plus ou moins long. A un degré beaucoup plus élevé, un ange gardien, pour mission, la protection du serviteur de Dieu—cas de prophètes et hommes saints—ne quitte plus ce dernier.

....

Jusqu'à où est en mesure d'aller le bien ; jusqu'à où vont les agissements du mal ? Le bien voulu par Dieu n'a pas de limites ; le mal que lui aussi a créé et haï, des bornes à ne pas dépasser en aucune manière lui sont imposées. Du lest est jeté à ces créatures du mal, sorte de sursis qui leur est accordé jusqu'à un ordre précis. Dans cette optique, les anges lors de leur passage sur terre ne manqueront pas de procéder à un nettoyage sur leur itinéraire de ceux qui incarnent le mal ; une opération salvatrice à ''N'' distance à la ronde. Des météorites se détachent pour cibler avec précision inouïe ceux qui osent s'aventurer en quête d'informations qui ont trait à ce qui évolue au ciel. Sur terre, c'est beaucoup plus vaste et aussi compliqué.

Chapitre : 09

On voit le jour, en ce qui concerne les humains, avec des prédispositions à exceller dans n'importe quoi des choses de la vie ainsi que d'avoir un penchant pour le bien ou le mal ; les voies du seigneur sont impénétrables. La dimension du mal par l'intermédiaire d'un des êtres sataniques, dans une certaine mesure--- par le moyen de quelque chose que je ne citerai pas--- pourrait connaître celui ou celle pouvant facilement pervertir.

Commence alors, un travail de titan ; un traitement de faveur pour les uns ; une complication de l'existence pour les autres.

…………………………………… …………………………………. ……………………………

Les gens les plus éprouvés, ici-bas, sont d'abord : les prophètes et puis les gens de bonne volonté….

Ainsi, on rencontre des individus qui évoluent sans problème aucun ou bien leur souci majeur c'est la quête du plaisir, qu'ils estiment avoir un droit qui leur confère cela. Eux reçoivent des biens sans donner quelque chose en échange….. ! Consommateurs avérés de tout ce qui se boit ou se mange et puis ils parlent, sassent et ressassent, qu'on a qu'une seul vie à remplir de bout en bout de tout ce qui flatte les sens.

Excepté les individus sujets à troubles divers qui estiment perdre ou avoir perdu le goût de vivre pour se consacrer corps et âme à un au-delà meilleur, il y a ceux du juste milieu. Pour ces derniers, toute entreprise utile pour soi et pour autrui et menée avec gaîté de cœur. Dans cet ordre d'idées, le travail sous toutes ses formes constitue l'adoration du bon Dieu.

Homme de bonne volonté qui essaye de construire un quelque chose de bon voire d'utile à ses semblables ici-bas comme dans l'au-delà, ''N'' autres font des mains et des pieds pour faire tomber à l'eau sont entreprise, le mal ici met la main à la pâte.

…………………………… …………………………… ………………………

Cependant, pratiquer la religion, cela résulte d'une profonde conviction qui a pour base la science ou bien une certaine ouverture d'esprit pour voir la réalité des choses qui nous entourent, à nus sans artifices……

Science, à mon avis, cela se divise en deux parties distinctes : l'une terrestre et l'autre a trait à quelque chose qui est hors de notre monde pour englober la création de l'univers.

Mathématiques ; physique ; chimie ; mécanique ; électronique etc. tous le fruit de longues méditations et regroupés sous l'appellation de : philosophie, laquelle en prenant une ampleur telle pour englober divers domaines s'est divisées en ces branches afin de faciliter leurs études.

Médecine ; psychiatrie ; psychologie ; sociologie ; gestion ; politique ; diplomatie etc. se différencient de leurs prédécesseurs par le fait qu'elles traitent l'être humain en général et les domaines de la vie en société d'une manière particulière.

Toutes ces disciplines ou sciences ne vont pas assez loin pour faire le lien avec un autre monde, l'univers entier et sa logique d'existence ; une existence singulière. Déjà en sortant de l'atmosphère de la planète bleue, la terre, on entre dans l'infini ; plus de jours et de nuits qui alternent…… !

……………………………… ……………………… ………………………………

En ce qui concerne les êtres vivants en général et les humains en particulier, il y a comme une limite qu'on ne peut pas ou on ne veut pas franchir ; cas de maladies du siècle telles que : cancer ; sida etc.

Déjà depuis la nuit des temps des problèmes liés à l'organe essentiel qui commande le corps humain, en l'occurrence le cerveau, on n'a pu faire grand-chose……. Un seul organe ; une infinité de troubles. On parle de maladie qui s'aggrave plus ou moins pour prendre successivement à différents stades de nouvelles appellations…… ! Névrose ; psychose ; troubles de comportement, qui ont comme conséquence dédoublement de la personnalité ; complexe de supériorité ; d'infériorité ; schizophrénie etc. tous regroupés sous le qualificatif de folie. A tous ces maux On prescrit des calmants qui ne sont que des drogues agissant durant un temps déterminé pour revenir au galop... ! Toutefois, le plus étonnant dans tout cela, c'est le fait de ne faire que peu ou pas des tout références à l'âme..... !

Chapitre : 10

Notre organisme renferme-t-il en son sein une âme ? Scientifiquement parlant, si un médecin ou scientifique consent à admettre comme telle, son existence, il fera référence à une énergie qui fait mouvoir tous les membres et fonctionner les cinq sens...... !

En fin, on parle de sorte de halo qui couvre l'organisme en entier sinon une sorte de disque immatériel au-dessus de la tête..... !

N'en demeure pas moins que c'est là une énigme qui suscite un intérêt pour des rares chercheurs. Dans ce cas précis, on parle carrément de sciences occultes ou bien de charlatanisme..... !

....

Dès qu'il y a quelque chose qui sort de l'ordinaire, après avoir fait des radios et procédé à des analyses qui ne révèlent rien de mal palpable, on pense que le patient a des troubles psychologiques liés à un travail intense, physique ou intellectuel. L'angoisse ; un extrême étonnement ; une peur bleue qui donne froid au dos et bien d'autres, sont des grands bouffeurs d'énergie. Toutefois, il y a plus graves que ceux précités que seul la religion et toutes pratiques spirituelles sont à même de parvenir à bout sinon élucider le mystère qui autour le mal en question.

Médecins généralistes ou spécialistes, pensent avoir presque tout compris pour avoir étudié l'organisme humain, sérié le nombre d'os qui composent le squelette, les tissus et les humeurs. Hélas, une fois que l'âme qui anime le corps le quitte ce dernier devient une masse inerte, froid, dont les asticots qui proviennent de l'estomac même entament l'opération de désintégration.... !

....

Rares sont les praticiens qui, après, peut-être, des années d'exercices, pensent que leur science n'est pas du tout exacte, beaucoup plus elle présente de graves lacunes, que seul une ouverture à toutes les idées, même folles, ou bien le recours à d'autres pratiques sont à même de remonter aux origines des maux qui tuent des milliers d'individus par an à travers le monde.

Herboristes ; guérisseurs ; magnétiseurs ; sorciers ; charlatans ou classés comme tels en connaissent au moins un petit bout en se concerne cette âme……. Secret professionnel ; ils n'en donnent aucune preuve.il y en a même certains qui disent avoir reçu un don d'un quelqu'un, genre marabout, une sorte de Baraka. L'essentiel est que ces derniers ne nient pas l'existence de cette âme qui habite tout un chacun.

Chapitre : 11

L'existence dans notre univers se caractérise par le mouvement. Tout bouge et remue dans un sens ou dans un autre. La terre tourne autour du soleil et en même temps sur elle-même. Soleil ; lune et autres astres suivent une trajectoire bien déterminée dans leur évolution, tout l'univers s'achemine vers un point donné. Sur terre à la pluie succède le beau temps avec une brise légère qui joue avec les feuilles des arbres. Puis vient un vent violent, le ciel se dégage de gros nuages et vice versa. La mer est calme avec de petites vagues qui ondulent à sa surface, en un clin d'œil elle se déchaîne etc. tous ces éléments de la nature obéissent à des lois stables que nous humains ignorons totalement. Catastrophes naturelles ; séismes ; glissements de terrains etc. eux aussi sont déclenchés par un élément dont nous n'avons aucune idée. Tout juste qu'on remarque une hausse ou baisse de température ; un changement de pression atmosphérique ; montée de eaux, leur éloignement ou leur rapprochement de la côte etc. un fait important : le hasard dans tout cela n'a pas lieu d'exister.

………………………… ……………………………… …………………………………

L'être humain lui aussi cherche à maintenir une situation de stabilité alors que lui-même passe d'une étape une autre. D'un état de faiblesse en étant enfant, il entre de plein pied dans la force de l'âge, une jeunesse qui se caractérise par la santé : le top niveau est atteint à cette tranche d'âge. À quarante ans---- un chiffre qui revient souvent dans la création divine--- il fait comme dévaler les marches d'un escalier pour renouer avec une faiblesse plus prononcée que celle de l'enfance. Alors tout aura tendance à se dérégler : perte de force et de vitalité. Les cinq sens diminuent progressivement ; plus d'oreille fine ni grande acuité visuelle ; perte de mémoire, et plus encore, dans certains cas, la perte du goût de vivre..... !

……………………………… ………………………… ……………………………

Tout le monde n'est pas riche ni respire la bonne santé. On choit généralement avec un certain privilège par rapport aux autres ou bien avec un handicap plus ou moins grave. Au cours de notre bref passage sur terre il y a comme des transformations, mutations, et même de véritables métamorphoses qui étonnent plus d'un de gens évoluant dans notre environnement.

Beau ou laid ; riche ou pauvre ; en bonne santé ou malade ; savant ou ignorant etc. on a des prédispositions à vivre ces situations ; à les conserver longtemps sinon les perdre ; parfois, on vient au monde sans l'une ou sans l'autre... !

Sans l'ombre d'un doute on obéit à un programme strict inscrit dans notre esprit ; cela est appelé communément : sort ou destin. Le sort.... !? Encore un des phénomènes qui nous accompagnent durant notre séjour sur terre...... toutefois, beaucoup de savants refusent de s'aventurer quant à fournir des informations précises sur ce sujet fort ambigu ; que dire alors de ceux qui n'y croient point?

Chapitre : 12

Hasard ou destin se côtoient au quotidien...... faute d'informations fiables on attribue un tas de faits au pur hasard. De bout en bout certains individus ont mené une existence sans trop chercher à savoir le pourquoi du comment. Peut-être comme par hasard, ce qui n'est pas évident, ils ont eu à discuter avec une personne spécialiste ou ayant juste un peu de jugeote, qui n'a pas manqué à leur faire certaines réflexions utiles ; posé des questions embarrassantes. Ces gens ont fait comme se réveiller après un cauchemar. Il a suffi d'un simple doute pour que leur machine à penser se remette en marche. De la surprise à l'étonnement ils vogueront sur une mer qui cache en profondeur bien des secrets. Ils découvriront que parmi ceux de leur entourage, peut-être, leurs proches parents, ont des desseins et intentions qu'ils n'avoueront jamais...

Connaissons-nous bien les autres qui nous côtoient..... ? Si oui, un tas de problèmes seraient évités.

……………………………… ……………………………… ………………………

Tout se joue durant la tranche d'âge qui commence à la naissance jusqu'à atteindre cinq années, cela est valable, uniquement, dans bien des cas, à apprendre le langage et puis garder des images éparses des scènes d'un extrême bien être ou de rares violences. Sur le visage des uns et des autres on apprend à lire quelque chose comme de la sympathie ou le contraire ; plus tard, on fait comme une découverte d'avoir fait fausse route. Dans ce cas ceux et celles voulant corriger leurs erreurs adoptent une autre manière d'approche ; une logique..... ! Un travail intellectuel qui réunit un tas d'éléments servant de base pour démontrer la faisabilité d'un tel projet ou son absurdité, entre autres. Jusqu'à un certain degré cela semble avoir son efficacité sur terre ; le monde, l'univers dans son ensemble, obéit à une logique surement plus compliquée.

Cependant, il y a des indices révélateurs qui ne souffrent d'aucune ambiguïté quant à l'existence d'une réalité relative de laquelle nous ne tirons aucun profit hormis celui de réussir à notre examen sur terre pour bénéficier d'une place au paradis.

………………………… ………………………………… …………………

Acquérir une science, la vraie, commence principalement par le fait d'admettre les réalités qui évoluent sur le terrain. Dans toute chose il y a le bon et le mauvais à des degrés différents...... ! Faire un grand effort de réflexion est plus que recommandable pour considérer ce qui nous entoure dans sa globalité. Les remarques à faire sont, entre autres :

---- le cas des deux extrêmes dans toute la création : beauté/laideur ; science/ignorance ; force/faiblesse etc. avec un commencement à partir du néant puis une disparition, la mort...... !

Les deux extrêmes dans toute chose éblouissent pour conférer un caractère extraordinaire dans un sens comme dans un autre ; que dire d'un individu qui n'a plus sa raison et un autre qui a posé pied sur la lune....... !?

----- la mémoire, que toutes les créatures qui respirent, dans laquelle est inscrit comme un programme d'action pour chercher la nourriture ; se reproduire en choisissant un partenaire de l'autre sexe et puis défendre un territoire qui est sien...... !

---- les techniques les plus avancées ne permettent pas encore la conception d'un petit appareil de la dimension d'une mouche avec des ails pour voler dans l'air, un insecte muet qui n'a reçu de sa génitrice aucun enseignement….. !

Y aurait-il une leçon à tirer de ces vérités que seule la religion a permis de lever un petit coin du voile qui couvre le tout et surtout l'essentiel ?

Chapitre : 13

L'être humain parle de miracles attribue le caractère de phénomène à des cas rarissimes quand il s'agit de choses et faits qui dépassent son imagination…… alors que tout en sa personne relève de miracles sans plus. L'univers tout entier, pour n'avoir pas un autre de pareil, est un miracle. Cependant, s'il y a répétition des éléments au sein de cet univers : de créatures ; de situations etc. se sont uniquement des détails qui servent à parvenir à la connaissance de ce qui a fait le tout……

La répétition dans toute chose sur terre qui part parfois de la simplicité et atteint une extrême complexité n'est autre qu'une espèce d'intelligence, de science et de force qui n'a pas son pareil….. ! Cependant, l'être humain a la particularité de lorgner ce qui brille ; il oublie ainsi l'essentiel au profit d'un bref passage sur terre dont les délices sont éphémères. Dans cette optique, il y a comme des imperfections ou turpitudes de l'âme, chose qui se corrige par le moyen de la religion.

……………………………… ………………………………….. ……………………….

Tous les livres saints révélés aux prophètes font état des défauts de cette créature appelée : être humain. En obéissant à nos pulsations, à notre instinct animal, car de par notre corps on en est un, nos vices ne font que se renforcer. Tout comme une machine, on fait introduire des éléments par le moyen de notre bouche et on évacue déchets et autres substances par tous nos orifices. Bonne santé ; jeunesse ; richesse etc. ne laissent pas place à la méditation, on oublie une fin inéluctable pour sombrer dans une espèce de semi inconscience jusqu'à la date fatale. Les membres de notre entourage parfois nous encourage à passer du bon temps au détriment du sort de tout un chacun, le passage à trépas….. Maladie ; pauvreté ; conflits et autres, des souffrances qui laissent transparaître la misère humaine, la faiblesse et surtout les limites de cette race de créature, ont très peu d'effets sur des individus qui sont présents de corps et l'esprit dans les nuages. La désobéissance au bon Dieu endurcit le cœur,

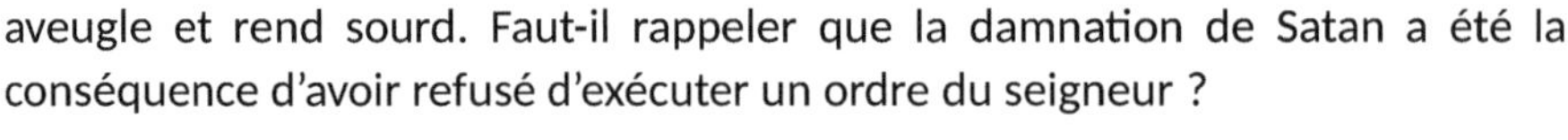

aveugle et rend sourd. Faut-il rappeler que la damnation de Satan a été la conséquence d'avoir refusé d'exécuter un ordre du seigneur ?

………………………………… …………………………… ………………………

Tous les livres saints font référence à des prières à observer par le croyant. Louer le seigneur et maître des cieux et de la terre est la base de toutes pratiques religieuses. Le contraire nous place dans la position de la désobéissance, cas de Satan.

Chapitre : 14

Qu'est-ce qui différencie un croyant d'une personne athée ? Ce qui est sûr c'est le fait que les deux parties ignorent à des degrés plus ou moins importants la réalité. Deux mondes diamétralement opposés dont on pourrait faire un tableau comparatif pour retracer les qualités et les défauts de chacun.

----conscience à peine perceptible au début chez le croyant qui se renforce progressivement par les prières ; la lecture des livres saints ; la pratique du bien sous toutes ses formes.

Au fil du temps, une certaine science est alors acquise et plus encore. Il y a comme une élévation spirituelle, des découvertes jamais imaginées auparavant, à la seul condition de rester fidèle au seigneur. Une forêt vierge pour tout un chacun qui lance ses premiers pas et entame la pratique de la religion est à découvrir. Il est recommandé de faire comme une exploration et cela n'est pas de tout repos. Problèmes et difficultés jalonnent cet itinéraire emprunté la plupart du temps dans des circonstances particulières, sans préparation au préalable ni un guide qui vous tient la main et vous prodigue des conseils utiles. Le mal vous emboîte le pas, il vous attend à chaque tournant.

Bien au début, cela a un caractère presque naturel --- le mal est au sein de nous tous --- et on a l'impression d'agir à notre guise. A une certaine étape, toujours dans le cadre de cette pratique, il y a comme un passage à une vitesse supérieur du fait que le fidèle serviteur constitue une gêne pour le mal qui n'est plus en mesure d'agir en toute liberté. Là où passe l'homme du bien, en effet, les pivots de Satan fuient à défaut d'être anéantis….. !

Et les problèmes continuent--- lesquels pouvant être surmontés par le moyen de la patience-- selon l'activité du serviteur de Dieu qui multiplie ses opérations de nettoyage des ennemis du bien jusqu'à son rappel pour être récompensé.

Tous ceux qui sur un coup de tête ou bien après avoir mûrement réfléchi, pour se consacrer corps et âme à l 'adoration du seigneur et créateur de l'univers, arrivent à destination ?

………………………………… ………………………………… ………………………

---- athées, dans cette catégorie de gens qui se réclament ne croire en rien en dehors de ce qu'ils voient, entendent et touchent de leurs mains, sont rangés pèle mêle :

----- croyants non pratiquants ;

----- sans foi ni loi ;

---- hypocrites.

Gratuitement et sans engagement de leur part, certains individus, des deux sexes, se contentent de penser qu'il y a un bon Dieu et un au-delà. Pas de prières du tout ; point de bonnes actions. Ce ne sont pas de fervents chercheurs de plaisirs, mais lorsqu'une occasion se présente – concours des circonstances--- ils en mordent à pleines dents. Certains évitent totalement de parler religion ou bien nagent en surface sans trop chercher à approfondir. Pour justifier leur comportement avec un pied dedans et un autre en dehors de la scène, ils arguent de compter sur la clémence du bon Dieu, eux chétifs t ignorants……, ils ont trop souffert, n'ont pas eu l'occasion d'avoir une éducation religieuse; qu' il y a plus mauvais qu'eux sinon pires etc.

…………………………………

D'autres sont catégoriques : il n y a ni bon Dieu ni bonté. Sans frein ni limites, ils suivent un instinct d'animal en furie, du moins ceux en bonne santé et riches pleins aux as. Ils vont jusqu'à avoir le culot de qualifier les croyants de malades, des arriérés etc. eux, ont mieux à faire et parlent souvent de situations, de train de vie, d'occasion à saisir etc. untel possédant villa et voiture, ils décrivent son paradis sur terre. Tout ce qu'ils entreprennent entre dans un cadre de se voir désigner comme :

---- savant ; érudit ; riche etc.

N'importe où qu'ils aillent ils demandent à avoir un traitement particulier, de faveur, ils exigent et le réclament à cor et à cris. A travers les propos qu'ils tiennent à peu près avec tout le monde, on décèle sans l'ombre d'un doute une haine profonde et une méchanceté sans bornes à peine voilée qui n'attend qu'une étincelle pour éclater comme une bombe. Eux, ont froid ; eux, ont faim ; eux ne supportent pas le froid, la chaleur etc. ils pleurnichent pour rien sur leur sort dont les autres en sont responsables, des vicieux, qu'ils sont les autres..... ! Fainéants, bras cassés etc.

………………………………

Être ni l'un ni l'autre est le statut qu'on met beaucoup de temps pour situer ses adeptes. Les uns ont reçu ce comportement en héritage pour avoir vu le donateur en action comme sur une scène de théâtre, et connu ses avantages et ses inconvénients..... Des explications leur ont été fournies quant aux autres soi-disant purs ou puritains. De ce fait, ils sont en possession d'informations fiables en ce qui concerne les limites à ne pas dépasser et plus d'un tour dans leur sac en cas de pépins. D'autres, ont accepté ce comportement d'hypocrites beaucoup plus tard suite à un quelque chose qui pourrait être :

----- un mal fait à leur personne par un tiers sans foi ni loi.

Un premier temps, ils ont eu à se venger, puis ça a été une sorte de découverte d'un moyen d'évolution qui joint l'utile à l'agréable. Désormais, pour tout l'or du monde, ils n'acceptent d'agir dans la transparence. La vie n'est pas toujours facile. Tout le monde n'est pas riche ni ayant des moyens pour réussir à avoir une place au soleil. Beaucoup d'individus viennent au monde au sein d'un couple des plus démunis pour n'avoir que les yeux pour pleurer leur misère et plus encore leur exclusion du milieu de la haute société. Entre autres, comme échappatoire et lutte pour la survie, on adopte ce statut d'hypocrite pour un temps sinon pour toujours.

Chapitre : 15

Dans quelle catégorie classer un adorateur du mal, Satan ? Ce qui est sûr et ne souffre d'aucune ambiguïté c'est qu'il recèle tous les défauts qu'un être humain puisse avoir. Dans cette catégorie dont le nombre de fidèles a augmenté considérablement ces derniers temps --- chose qui a de tout temps t caractérisé des périodes de grande ignorance --- sont rangés un tas de gens, la plupart de sexe féminin, de différentes classes de la société ; ce qui appuie mes dires que la connaissance, la vraie, a un lien très étroit avec la création de l'univers et non pas celle qui se limite à la vie sur terre.

L'existence sur la planète bleue a commencé, en effet, avec une ignorance ; on parle de la nuit des temps……. ! Il y a eu par la suite des périodes de lumière et autres périodes d'extrême ignorance…. A chaque fois, lorsqu'une limite est dépassée, le bon Dieu envoyait un apôtre ; un messager ou un savant éminent. Suite à quoi, si le peuple ne réintégré pas le bon chemin, la colère Divine s'abattait.

Aujourd'hui, cette créature dite être humain a cumulé de grandes connaissances, science terrestre et rien d'autres, alors qu'il y a une tendance à tourner le dos à l'essentiel. Il y a comme un retour à un lointain passé. On se réclame des gens cultivés pour donner libre cours à des instincts d'animaux sauvages ; on s'accouple comme des bêtes. La loi du plus fort se cache derrière une organisation mondiale pour créer une coalition et réprimer un petit état, classé tiers monde. Que dire alors d'une existence sous une dictature etc.

Au milieu de cette crise morale voire spirituelle, d'une religion absente totalement ou mal comprise car devenue la propriété d'un gouvernement ou présente uniquement au sein d'une caste dont les membres se revendiquent comme des descendants de : ………, purs et puritains tout azimut. Au milieu d'une jungle en folie, Satan choisit ses adeptes parmi :

---- des gens des hautes classes de la société, lettrés ou ayant un grand diplôme, bien assis ou convoitant un poste de responsabilité….. ;

----- des individus, appartenant à la classe moyenne en quête d'aventure, qui croient aux miracles……. ;

---- des individus sans le sou qui découvrent cette voie et l'assimilent à un véritable filon d'or.

Toutefois, les éléments à pervertir avec une facilité inouïe sont des personnes ayant un handicap quelconque.

Chapitre : 16

Qu'advient-il après avoir coupé les ponts avec le seigneur ? Durant un premier temps, il y a comme un passage à vide. Ayant été pratiquant ou bien ayant juste en tête un penchant pour la religion, la prise de décision de cesser toute forme d'obéissance s'assimile à un glissement, doucement mais surement vers un changement radical du comportement. Difficilement, en effet, on cumule des valeurs, les perdre ressemble étrangement au fait de pratiquer un trou au fond d'un sac qu'on porte avec soi pour laisser tomber ces valeurs sus- citées, les unes après les autres.

Le mal saisit cette occasion pour faire un travail de pro. Connaissant à fond les défauts de cet être égaré il essaye de faire de lui un dégénéré à défaut de le rallier à sa cause.

…………………………………… ………………………………… ……………………

Incroyable mais vrai, chaque entité de la race humaine est tiraillée entre deux forces lesquelles augmentent ou diminuent selon la nature de ses actes accomplis au quotidien……

Incroyable mais vrai, le cerveau humain recèle de grandes potentialités, entre autres, l'accomplissement des miracles. La dimension du mal au courant de cette énorme possibilité, une élévation jusqu'au rang des anges, tente un premier temps de tuer dans l'œuf l'idée même de remettre sa destinée entre les mains du seigneur.

Une première épreuve pour un individu qui cherche du regard la voie qui lui est tracée par son créateur et maître. Plus d'un sont découragés en voyant leur horizon s'assombrir alors qu'ils s'attendent à une sorte de salut éminent ; hélas la marchandise du bon Dieu est très chères….

Succès remporté par les uns, le mal ne désarme pas, il redouble d'ardeur, reconsidère son approche et change de tac tic. Une guerre en bonne et due forme est menée par des éléments d'une armée placés çà et là sur le chemin du nouveau converti à la religion.

………………………………… ……………………………… ………………………

Incroyable mais vrai, jusqu'au dernier souffle, la dernière bouffée d'air qui entre dans la poitrine de l'individu elle peut s'ajouter aux bonnes actions sinon le contraire.

Satan a désobéi à son créateur à cause de cet être chétif, qui n'a pas toute sa tête, du moins il l'a perd pour un rien des biens terrestres……. ! Il a jugé être le meilleur, et toute une armée a appuyé son point de vue en le suivant dans son entreprise. Au fil des siècles, une science en bonne et due forme, concernant les qualités et les défauts, a été rassemblées ; une guerre sans merci est menée sans trompette ni tambour battant. Et si le bon Dieu fait tout pour s'adresser au cerveau. Apôtres et messagers avec des livres saints ; récompense par une clémence ceux qui réintègrent le droit chemin; catastrophes naturelles pour certains qui dépassent les limites de bon entendement etc. en sont les signes de sa force et de sa sagesse. Satan, au contraire, s'efface et tente d'agir en totale discrétion. A sa cause, il rallie des par le fait même de pratiquer le mal sous toutes ses formes. A leur insu, un démon les habite et se sert de leur corps pour semer la pagaille là où ils mettent les pieds..... !

……………………………… ………………………………… ……………………………………

Incroyable mais vrai, à un degré plus grand certains individus organisent une sorte de cérémonie pour avoir des contacts avec les forces maudites. Cela présente de grands dangers et consiste à faire le contraire de la bonne action...... sans pitié aucune, on torture des gens ; on vole ; on tue etc. agrée par Satan, un démon s'incarne en eux. Mais voilà qu'ils sont frappés d'un sceau pour être reconnus par leur maître. Maladies et handicapes les atteignent après avoir enfreint une des lois qui régissent l'univers et réalisé un vœu lequel normalement leur parvient par une des voies licites...... s'ils ont la patience et surtout la foi......

Chapitre : 17

Quelque que soit le prix à payer pour avoir l'agrément du prince des ténèbres, entre autres, par le moyen d'un organe à dérégler ou à bousiller complètement ; l'âme, en ce qui la concerne, les conséquences en sont les plus graves. L'âme qui loge en tout un chacun présente dès la naissance d'un individu comme des défauts, elle n'est pas parfaite.

Il n'est pas inconcevable de poser la question : à quoi sert cette âme....... ! ? Inutile, sauf à faire mouvoir mains et pieds et puis activer les cinq sens, avancent tout le monde toutes catégories confondues, et ils continuent, avec preuves pour maintenir leur thèse absurde :

---- malade, on fait recours à un médecin ;

---- on mange et on boit pour subsister ;

----- on intente à notre vie et fréquemment on meurt d'une manière ou une autre.

Notre âme, dans tout ça, elle ne fait rien ; elle que beaucoup estime être l'essentiel ?

…………………………… ………………………………………… …………………………

Nul ne peut avoir une idée précise sur la quantité d'énergie qu'un individu est en mesure d'en magasiner. Stockée dans les tissus sous forme de graisse ; de glycogène au niveau du foie ; le surplus est surtout évacué dans l'urine. Le cerveau se surpasse pour gérer ce surplus et réagit par des troubles divers :

---- sueur abondante à un effort aussi minime soit-il ;

----- cauchemars durant le sommeil ;

---- troubles visuels et auditifs etc.

Et si le travail qui est la santé, peut palier à ces maux en bouffant une grande partie de cette énergie, il faudrait peut-être multiplier les buts à atteindre. Et malgré tout cela une grande partie reste toujours en rade......

Une seule solution à cet état de fait : la canalisation de cette énergie.

…………………………… ………………………………… ……………………….

Se trompe lourdement celui qui prétend connaître à fond le cerveau humain. Le denier des techniques de pointe en l'occurrence des P. C. ne lui arrive pas à la cheville.

Durant notre existence brève ou longue on stocke des informations ce qui constitue un acquis de tout un chacun. Cependant, bien au départ il y a tout un programme caché appelé : caractère inné, un véritable trésor enfui dans les antres de l'esprit.

Faudrait-il préciser que tout ce qu'un individu entreprend a pour siège le cerveau qui commande l'action à accomplir et se schématise par une combinaison des neurones...... ? Cela ressemble à une clef qu'on introduit dans une serrure pour ouvrir un coffre. Seulement, en ce qui concerne le cerveau et pour pouvoir accéder à certaines informations classées top secret, il y a nécessairement une quantité appréciable d'énergie à dépenser, au moins pour un premier usage, chose qui deviendra très facile par la suite. Déjà pour avoir l'idée que cette possibilité existe bel et bien, il faudrait avoir une quantité d'énergie canalisée. Et de quelle manière cette opération de canalisation pourrait être réalisée ?

Chapitre : 18

On est la plupart du temps distrait sinon l'esprit accaparé par les choses de la vie. On se la coule douce et on s'enfonce dans une espèce de léthargie qui nous procure comme une ivresse……. On éprouve des difficultés pour avoir le strict minimum, à savoir le pain quotidien et on a de cesse à méditer sur notre sort qui ne prête pas à sourire. Comme pris entre l'enclume et le marteau, notre esprit vogue dès le réveil du matin pour joindre un lieu du travail duquel on tire subsistance ; distance à parcourir par un moyen de transport quelconque ; l'heure fixe pour se pointer à la porte d'entrée ; les recommandations faites par le chef, son regard menaçant de faire ceci ou cela pour la moindre petite erreur ; le repas de midi en tenant compte de notre bourse ; à quelques minutes de la sortie du travail, l'image de l'extérieur se dessine devant nos yeux pour reprendre le trajet de retour au bercail : comment le faire, et puis la famille qui nous attend pour lui ramener quelque chose……

Fatigué, on dort d'un trait toute la nuit sans rêve…… ? Pas tout le monde. On est sujet à des cauchemars qui nous font réveiller au beau milieu de la nuit. Parfois, le sommeil prend des ails à cause d'un problème qui a une relation étroite avec notre devenir du fait qu'on n'est pas logé à bonne enseigne. Dans cet ordre d'idées, on n'a de l'énergie en surplus à gaspiller inutilement ou bien on est en rupture de stock, juste pour se mouvoir en somnambule.

………………………… ………………………………… …………………………………

Tels des automates, la plupart des gens passent d'un bout à l'autre sans peut-être se poser une question en dehors du circuit, peut-être, reçu en héritage de leurs parents. Ils imaginent mal pouvoir vivre d'une autre manière….. !

La religion, dans bien des cas, est, entre autres, une sorte d'issue de sortie. Reprogrammer sa machine à penser à la lecture des livres saints émanant du concepteur de cette machine revient à dire : un redémarrage sur de nouvelles bases, solides, à même de mener à bon port.

Dès qu'il y a un doute qui pointe à l'horizon, il y a nécessairement recherche qui aboutit parfois à long termes en tenant compte des spécificités de chacun.

…………………………… ……………………………… …………………………………

L'être humain a la particularité de donner naissance à ses enfants dans la douleur, cela va de même en ce qui concerne une idée à la lumière de laquelle on entame un travail de reprogrammation de notre cerveau. Captée ;

interceptée directement de la bouche d'un tiers ou élaborée par le cerveau même, genre synthèse, cela demande un travail et de l'énergie à dépenser à l'état brut. L'esprit accepte d'opter pour telle possibilité, une idée qu'il faudra étudier pour la réalisation d'un projet sinon se faire une autre idée etc.

………………………………… ……………………………… …………………………

Canaliser son énergie revient à dire faire œuvre utile d'un potentiel tiré de la nourriture ; de l'eau et de l'air. On pourrait faire le pitre ou bien pratiquer une discipline sportive à défaut de recherche d'une élévation spirituelle. D'autant plus que tout un chacun a la ferme conviction qu'un jour il sera appelé à quitter ce bas monde. Pour certains qui sont logés à bonne enseigne, leur objectif premier est le maintien d'une situation qui présente un tas de privilèges. Qu'il leur arrive d'aborder ce sujet, délicat, quant à leur devenir dans un au-delà, sans preuves tangibles, en ce qui concerne son existence, à défaut d'être pessimistes, ils soutiennent compter sur une chance qui les a accompagnés toujours ; leur appartenance à tel clan etc. rares sont les gens qui font la part des choses en estimant à leur juste valeur les biens octroyés par le seigneur.

Il y a jusqu'à l'achat d'une place au paradis, après la grâce divine, bien sûr.

Chapitre : 19

L'existence ici-bas se veut que toute chose ait son opposé pour différentes raisons. Entre autres, elle ne peut avoir un qualificatif qu'en comparaison avec son contraire. Ainsi, le meilleur moyen d'avoir une idée nette et précise serait de bien connaître le mal, sa force et ses faiblesses, et puis les moyens afin de le combattre. De ce fait, c'est comme faire d'une pierre deux coups ; en quelque sorte, une obéissance à la volonté divine et rien d'autre.

…………………………… …………………………… ……………………………

Bien connaître le mal, toute une dimension, commence par se situer dans l'espace et dans le temps par rapport à des milliards d'entités de notre race, surtout celles qui évoluent dans notre environnement immédiat.

On est toujours bon ou pire par rapport à untel qui affiche un comportement tout en ayant à l'esprit d'agir dans le bon sens. La vraie nature de tout un chacun à défaut d'être masquée par un tas d'artifices, pourrait s'avérer, après contact ou recherche, quelque chose d'hors pairs, de super naturel voire de diabolique.

………………………………… ………………………………… ………………………

Ignorants, nous le sommes tous au début ; durant un laps de temps sinon pour toujours jusqu'à notre enterrement dans une tombe, notre dernière demeure et ouverture sur une autre forme d'existence. Arrive un jour où on est appelé à prendre position pour être avec et pour ou contre le bien…… alterner entre ceci et cela perd toute signification du fait que la ligne médiane qui sépare le bien du mal est tellement étroite que par moment on a un pied dedans et un autre pied en dehors, d'un côté comme de l'autre. Nos semblables avec qui nous avons au quotidien un contact permanent ne manqueront pas de relever cet amalgame de n'être ni bon ni mauvais. Douteux, on devient sujet à risque et puis il y a comme un cumul d'informations sorte de science, à même d'être encouragé à persévérer dans un sens ou bien à diminuer dans un autre car estimant être allé trop loin.

Entre les gens pacifiques et pacifistes et ceux qui n'ont plus froid aux yeux, il n y a qu'un seul pas à faire.

Chapitre : 20

Entre vendre son âme à Satan et consacrer son passage sur terre au bon Dieu avec espoir d'être gratifier d'une récompense sans pareille, une place au paradis, on bascule des fois du jour au lendemain dans l'irréparable. Vouloir tout et tout de suite mène à vivre une aventure, et on passe par différentes phases. Il suffit de durcir le cœur et n'avoir d'yeux et d'oreilles que pour son auguste personne. A un certain moment, on passe avant tout le monde, proches parents, conjoint, enfants etc. On aura en tête comme avoir signé un contrat avec une entité supérieure pour jouir jusqu'à la dernière minute sur terre. Le cas échéant, on se rebelle et on crie à la trahison et promesses non tenues etc. on oublie pour un temps notre condition d'être humain, chétif. Les rôles dans ce cas précis se trouvent inversés : plus d'obéissance à qui que soit tout en réclamant plus d'égard de la part d'une entité qu'on nie son existence, le bon Dieu….. ! Le mal est là à l'affût et passe à l'action et dicte à son ennemi de le suivre dans ses actions machiavéliques. En un clin d'œil, le temps n'a plus de sens ; plus rien n'a désormais de consistance et coule tel un torrent du haut d'une montagne. A untel on a fait du tort ; à un autre on lui a choppé une place qui lui revient de droit : un haut diplôme et une expérience qui n'ont plus de poids comparativement à une intervention de la part d'un haut responsable...... !

Et puis tout devient facile, à nos yeux, et on ignore qu'après avoir pactisé avec le Diable, un démon nous ouvre les portes avec une clef de Sésame...... !

Tout cela n'est pas sans limites et un service rendu en vaut un autre.

....

L'athéisme est un état d'esprit qui inverse les rôles : une logique infernale qui ne se base pas sur la récompense des bonnes actions ; que l'action utile est celle qui construit, unit et vise le bien-être de tous au sein d'une communauté de la race humaine etc.

Et plus on se fourvoie sur cette voie qui ne mène qu'à la destruction et la ruine et plus on ne se reconnaît plus. Une autre mentalité et le développement d'une autre logique qui précisent que : la fin justifie les moyens, sont adoptées dans leur globalité.....

Malade, on le devient, d'un mal incurable. Dans la mesure du possible on essaye de châtier une personne qui porte la pauvreté en son sein et on juge qu'elle est responsable de la situation qu'elle est en train de vivre, de sa faiblesse et de son infortune. Devant un plus fort que nous, susceptible de nous anéantir, on se fait tout petit et on l'adore comme un Dieu..... !

....

Que dire de : ---- je suis le meilleur de tous ; je suis le plus intelligent ; tout en moi est unique en son genre etc. et pourquoi cela !? Parce que c'est moi, un point c'est tout ; c'est à devenir dingue..... !

Chapitre : 21

Demandez à un magicien de vous livrer son secret.... ? La plupart de ces charmeurs de foules soutiennent avoir une rapidité des mains : des illusionnistes sans plus ; ils ne diront jamais la vérité. Pourtant la magie noire, comme on l'appelle, existe bel et bien. Un fait important à noter : quatre-vingt-dix-neuf pour cent des magiciens pratiquent leur art avec l'aide d'une ou plusieurs femmes presque nues..... ! Les gens qui assistent au spectacle sont ébahis, ils applaudissent à brûler les paumes de leurs mains, mais n'ont pas idée de demander comment cela se fait...... !

Que dire alors des individus qui pratiquent la sorcellerie, envoûtent hommes et femmes pour leur obéir au doigt et à l'œil ; d'eux ils en font des morts vivants ? Combien d'individus lesquels pas plus tard qu'hier étaient actifs et sont actuellement cloîtrés entre quatre murs ? D'autres fuient la civilisation pour se réfugier dans de vieilles bâtisses en ruine ou au milieu des forêts ! Certains, hommes ou femmes publics râlent à longueur de journée à ne pas en finir, une seule parole les pique à vif...... pourtant dès que la nuit tombe, ils

Retrouvent une situation soi-disant normale, calmes et de bonne humeur !

....

La religion est la seule arme efficace à même de parvenir à bout des êtres maléfiques, humains ou autres entités. Des hommes qui ont voué leurs âmes au bon Dieu participent à la chasse des forces du mal où elles se trouvent. Guerriers du seigneur, Ils ont comme qualité première d'avoir sur les lèvres ce qui est enfui dans leur âme. Leur pratique est le résultat d'une science et une expérience accumulée au fil des siècles. Sans demander un bien quelconque ou bien se contentent de ce que leur offre le patient, ils mettent leur vie en péril et essayent de se rapprocher du bon Dieu par le moyen de cette chasse aux démons.

....

Incroyable mais vrai, lorsqu'il y a envoûtement, démon ou autre chargé de nuire à une personne dont le seul tort est d'avoir eu affaire à un des prévôts de Satan sur terre, un être humain en chair et en os...... ! Ce dernier est lui-même par ses pratiques occultes possédé, il suffit qu'il donne ordre et des précisions, informations en ce qui concerne untel à envoûter. Dans cette optique, cela a trait à l'image de la personne précitée ou quelque chose qui lui appartient tel que : habille ; cheveux ; sueur etc. le bon Dieu nous préserve de ce mal étrange qui prend effet sans crier gare. Cependant, il y a symptômes qui ressemblent comme des gouttes d'eau à ceux des maladies organiques.

....

Malade ; prisonnière ; débarrassée de son énergie etc. le qualificatif importe peu du moment qu'il n y a pas de preuves tangibles. Cependant, le mal est là au sein d'une personne victime d'un ensorcellement et les signes révélateurs sont visibles et reconnaissables par des spécialistes en la matière.

Incroyable mais vrai, à un certain degré d'élévation spirituelle, hommes et femmes, dévoués au seigneur des cieux et de la terre, parviennent avec une force de l'esprit à ôter le voile et voient ce que le commun des mortels ne soupçonnent même pas son existence….. ! Et cela sert à quoi de clamer sur les toits ce qu'ils voient et entendent, au risque d'être assimilés à des sujets à des troubles mentaux !?

………………………………………… …………………………… ……………………

S'il y a n'importe quoi qui affecte l'âme d'un être humain c'est tout le corps dans sa totalité lequel réagit d'une manière négative. Tout de suite, le sujet, dans certains cas, voit la mort profiler à l'horizon ; cas de possession qui a pour but la destruction et rien d'autre. Les signes apparents, selon le cas, seraient comme suit : --- la personne dégouline de sa bouche une bave tel un bébé sujet à une malnutrition ;

---- troubles de vision qui va jusqu'à ce que l'écriture s'efface pour ne plus pouvoir lire ni de près ni de loin sinon l'image de toute chose devient flou, une sorte de brume voile les yeux;

---- palpitations du cœur, on a l'impression qu'il marque un arrêt de quelques secondes pour redémarrer;

----- impossibilité de se concentrer sur quoi que se soit ;

----- idées brouillées avec perte de mémoire ;

Et le mal ne s'arrête pas à ce stade mais affecte sérieusement d'autres organes tels que : l'estomac et plus particulièrement le colon ; les reins avec élaboration d'une urine abondante ; sommeil agité peuplé de cauchemar qui donne de la frousse ou bien perte de sommeil totale, la nuit ; irritations ; nervosité d'où instabilité au sein des couples pour les personnes mariées etc.

Chapitre : 22

La sorcellerie, tout un monde, laquelle sans le facteur humain n'existerait peut-être pas, du fait que démons et âmes errantes sont introduits dans le monde des humains par l'intermédiaire de sorciers et charlatans.

Un monde inimaginable où se trouvent de vérités scientifiques ; tromperies et mensonges etc. le tout visant la destruction du bien en la personne de ceux qui œuvrent sur le droit chemin.

Difficile d'accepter cet état de fait même avec un démon qui habite une personne victime d'un ennemi de Dieu. Et puis, comment qualifier l'inqualifiable ? C'est comme une vache qui voit passer un train……. Même après traitement et guérison, peu de gens gardent un souvenir exact d'un passage à travers un long tunnel noir sans lumière ; d'un mur de silence qui les a séparés du monde des humains……. !

Avec le temps, tous finissent par oublier totalement leur mal étrange pour soutenir dur comme fer avoir eu des troubles psychologiques et rien d'autre. Rares sont les individus qui réussissent à leur examen et dépassent cette épreuve douloureuse. D'elle, ils traîneront des séquelles jusqu'à la tombe mais la plupart deviendront des guerriers du seigneur pour combattre le mal là où il se trouve…….

……………………………………………………………… ……………………………………………

Plus un problème s'étale dans le temps, cas de sorcellerie inclus, et plus certains signes retiennent l'attention de la personne malade. Mais la chose la plus importante dans tout cela reste : la ferme conviction de l'existence du mal, lequel sans son opposé, en l'occurrence le bien, il perd tout qualificatif et ne sera pas désigné comme tel.

Et cette personne rescapée, sans l'ombre d'un doute, même après un temps plus ou moins long, éprouve une sorte de joie immense et un réconfort moral de pouvoir bénéficier d'une grâce divine quelconque ; un changement de situation ici-bas et un certain regard de la part du bon Dieu dans l'au-delà. Le mal, en effet, ne s'attaque pas à n'importe qui, il connaît bien ses ennemis.

……………………………… …………………………… ………………………………

Foi ; patience ; recherche d'une issue de sortie de crise etc. seraient les principales qualités des personnes mises à cette rude épreuve de persécutions par les forces du mal. Un espoir sans cesse renouvelé que tout ici-bas, du moment qu'il a eu un début, aura inéluctablement une fin.

De formule magique à prononcer pour chasser le mal, il n'existe aucune, sauf les bonnes actions ; les louanges du seigneur et plus particulièrement de demander son assistance par le moyens de ses noms au nombre de : quatre-vingt-dix-neuf, tous illustrent : la sagesse ; la science ; la bonté ; la force ; la grandeur et la miséricorde.

Chapitre : 23

Le mal par tous les moyens en sa possession cherche à inverser les rôles ; le monde devient à l'envers, sens dessus dessous..... ! La religion a été révélée aux prophètes pour rétablir l'ordre voulu par le seigneur des cieux et de la terre. Toutes les religions, depuis l'apparition sur terre de cette créature douée de raison, tiennent les mêmes propos dans différentes langues qui est l'adoration d'un Dieu unique. But auquel tout un chacun serait parvenu, ça aurait pris, peut-être pour certains, toute leur existence. Le bon Dieu dans son immense sagesse nous a épargné cette quête inutile pour nous consacrer à l'essentiel qui a trait à l'élévation de l'âme qui aura à vivre dans des conditions autres que celles qui prévalent ici-bas. Chaque entité selon un degré atteint, sera logée. Pas de fraude ni passe-droit, et tout le monde passe sur un pont. Comme un éclair pour les uns ; au galop de cheval pour les autres ; à un degré moindre, en suant sang et eau, pour parvenir jusqu'au bout, pour ceux dont l'élévation ne dépassent guère le minimum.

……………………………………… ……………………………………… ………………

Il est clair que lorsqu'on évoque le bon Dieu on fait référence au ciel ; on parle donc du plus haut, un de ses noms qui illustrent, on ne peut mieux, sa position élevée par rapport à toute sa création. Sur terre il a un représentant, l'être humain et pas n'importe lequel, celui qui exécute ses ordres et lui est dévoué.

Satan, une de ses créatures qui a gravit des échelons de mérites et brulé bien des étapes pour diriger les prières avec les anges, a désobéi en refusant de saluer cette créature près-citée, conçue à partir d'un matériau, l'argile ; il a pensé être mieux que lui : du feu en opposition à l'argile.... ! Déchu puis maudit et avili, il a entraîné dans son sillage un tas d'autres anges.

Sur terre afin de mieux combattre son ennemi, il use de toutes les astuces y compris de rallier à sa cause la progéniture de ce dernier. Ainsi, le monde des humains, comparativement à celui des anges se trouve désuni..... !

Sachant bien la force et la faiblesse de l'être humain, le mal triche et œuvre d'arrache-pied à désarmer ses opposants en ciblant leur foi.......

………………………………… ……………………………… ……………………………

Il est passé un temps depuis le dernier prophète. Petit à petit, à travers les quatre coins de l'univers, tous les peuples ont tendance à perdre les repères. Confusion, méconnaissance de l'essentiel de la religion, des voix s'élèvent çà et là pour appeler les croyants, les vrais, à ne plus fréquenter les lieux du culte du fait que de leur mission principale ils ont été détournés. On va jusqu'à soutenir qu'une personne athée dans la mesure où elle pratique le bien est plus utile à la société car elle ne cherche à avoir de place ni en enfer ni au paradis. Et puis un peu partout un tas de gens tout âge et sexe confondus découvrent une vocation cachée, celle de prêcher la bonne parole un peu partout, dans les gares et arrêts de bus, cafés et restaurants. Est-ce vraiment qu'ils sont connaisseurs... !? Autre la ferveur qui enveloppe leur paroles, ils nagent en surface. A les écouter louer les bienfaits de l'application de la religion, plus aucun problème ne se posera désormais.

…………………………………… …………………………………. ………………………..

Avec ces prêcheurs de la bonne parole, en plein air, on revisite un lointain passé avec l'envoi des messagers de Dieu, s'en suit un désert sans début ni fin ; on atterrit en catastrophe un peu partout où il y a une situation de Mal vie qui prévaut en tout lieu. Un statut quo entretenu à dessein par des institutions qui instrumentalisent la religion à des fins politiques ; sociales etc.

Plus de messagers après Mohamed, que le salut de Dieu soit sur lui, qui a parlé et dit en substance que : les savants sont les héritiers des prophètes. Hors à un moment de l'histoire les chercheurs n'étaient plus reconnus sous prétexte que tout a été dit et il ne reste que la mise en pratique d'une science comprise par tous. Hors circuit, dans la clandestinité des noms se sont illustrés en s'exportant, et pour les comprendre il faudrait peut-être appartenir à une catégorie des gens initiés.

Chapitre : 24

La religion est une pratique individuelle, une liaison à entretenir avec son créateur sans intermédiaire. Que des personnes de génies se spécialisent dans l'étude de cette branche qui constitue une science en bonne e due forme, cela n'est que louable et fort recommandé.

Au temps des prophètes, cette science qui unit ce qui prévaut ici-bas avec notre avenir dans un au-delà était enseignée par les prophètes eux-mêmes. Cela se traduisait par un comportement exemplaire des messagers de Dieu qui appliquaient à la lettre les préceptes des livres saints révélés au fur et à mesure qu'ils évoluaient au sein de leurs peuples, compte-tenu des rapports à entretenir : entre voisins ; avec des membres de la communauté à cette époque-là puis avec les communautés étrangères.

A chaque problème rencontré au quotidien, et chaque différent qui opposait les uns aux autres on se référait au prophète et puis au livre saint dont lui mieux que n'importe qui d'autre détienne le code et le secret.

Aujourd'hui où sont ces savants à même d'apporter du baume aux cœurs ?

…………………………… …………………………………… …………………………………

Avec des mentalités figées dans le temps, un temps à jamais révolu, le licite ou son contraire arpente un chemin rocailleux et glissant par endroits, semé d'embûches pour freiner chaque pas à faire de l'avant……

Les sociétés humaines où qu'elles se trouvent ont subi un changement radical voire une métamorphose, certaines mentalités refusent d'emboîter le pas à des avancées spectaculaires dans tous les domaines de la vie. Est-ce la rigidité des préceptes de la religion qui gêne un tant soit peu toute évolution des esprits, et puis s'il y a possibilité d'évolution, ça sera dans quel sens ? Le bon Dieu est un et un seul, unique ; est la première condition de son adoration est de ne lui associer aucune autre divinité. Le bien et le mal, sauf des cas bien précis sont connus et reconnaissables par tout un chacun. Autre fait important, la foi unit les uns aux autres au sein des communautés ; elle construit ; elle vise le bien-être de tous.

………………………………… ………………………………… …………………………………

La religion se veut l'application d'un programme conçu par le créateur de cette entité appelée : être humain. Son exécution demande un dévouement sans faille et une grande patience. Un travail de longue haleine et une persévérance en tenant compte, bien sûr, d'un tas d'aléas à même de ralentir, et plus encore, freiner toute évolution dans ce sens.

Chapitre : 25

Hélas, le doute--- du fait que la foi repose sur une simple croyance malgré un tas de signes en l'être humain et un peu partout dans la nature--- s'accentue lorsque les problèmes se succèdent. Il y a comme augmentation de la foi au réveil du matin pour diminuer progressivement le soir et vice-versa. La vie en communauté n'est plus ce qu'elle était il y a deux ou trois siècles. Un problème lié à un seul individu, classé élément perturbateur est multiplié par 'N'éléments toutes tendances confondues. Le plus grave et embêtant à la fois c'est que ces individus ne se contentent pas de vivre leur athéisme---- on peut ne pas croire et être de bons voisins respectant les lois--- mais cherchent à induire les autres en erreur. Humains ! Voilà un concept qui revient sur leurs lèvres et qu'ils affichent comme un spot publicitaire ! il suffit d'avoir à découdre avec eux pour avoir une idée bien précise sur leur véritable nature..... !

…………………………………… ……………………………… …………………………

Chaque messager ou apôtre envoyé par le passé à un peuple déterminé a trouvé une résistance farouche de par les partisans du désordre. Rois et chefs, des tyrans qui se sont proclamés des Dieux ont tout de suite flairé ces entités venues rétablir un nouvel ordre et plus encore s'emparer de leur trône. Il faut dire aussi que le bon Dieu, clément et miséricordieux, omniprésent, intervient pour sauver une nation en dérive. Les guerres liées à la religion ont fait plus de victimes que les guerres mondiales connues par toute l'humanité. Aujourd'hui, la pratique de la religion n'est pas un fait nouveau, du jamais vu pour la tuer dans l'œuf. Néanmoins, il y a mille et une façons de la combattre sinon la détourner de sa mission principale...... ! il y a à boire et à manger, beaucoup plus, vivre dans un paradis sur terre, et les partisans du désordre ne désarment pas.

……………………………… …………………………………… …………………………

A travers les quatre coins du monde, une religion s'apparente à des fidèles qui la pratiquent et compte :

---- une maison de Dieu ;

---- un guide spirituel ;

---- des savants et chercheurs.

Fidèle pratiquant d'une religion n'est autre qu'un citoyen au sein d'un état, d'un royaume etc. de son plein gré et sans contrainte aucune, il a vu la nécessité d'adorer un Dieu, unique ; c'est la religion la plus répandue aujourd'hui à travers le monde..... Cette foi qu'il porte en son sein à moyen et long terme produit son effet sur sa personne et affecte plus ou moins sa conduite au sein de la communauté ; le cas contraire relève d'un vice de fond ou de forme.

…………………………………… …………………………………… …………………………

Au temps des apôtres et messagers de Dieu, les envoyés devenaient de facto guides spirituels. Une mission spéciale qui avait pour objectif : la refonte d'une nation déliquescente. Ils avaient tous avant tous avant cela un métier quelconque duquel ils tiraient subsistance. Avec l'augmentation de fidèles, ils vivaient de dons faits de la part de leurs fidèles, chacun selon ses possibilités.

……………………………… …………………………… ……………………………

Les savants en matière de pratique de la religion et autres chercheurs dans ce domaine ont aussi toujours existé ; ils sont les héritiers, sans contestation aucune des prophètes et messagers de Dieu. Aujourd'hui plus qu'hier, ils écrivent des bouquins, animent des conférences, essayent d'éclairer la population au sein de laquelle ils évoluent. Ces savants ou chercheurs sont des spécialistes en matière de religion ou bien de vrais touches- à- tout. Gouvernement et population locale ou mondiale sollicitent leur aide pour solutionner des problèmes épineux. Normalement, ils ont leur mot à dire en ce qui concerne les lois au sein d'un état, la politique, la gestion de la cité etc.

Chapitre : 26

Qui dit mieux, pratiquer une religion, aujourd'hui, devient un métier….. !? Pas pour tout le monde mais pour des guides à différents niveaux de la société. Ils sont simples fonctionnaires et sont susceptibles de monter en grade pour revêtir le caractère de hauts cadres moyennant toujours un salaire qu'ils perçoivent à la fin de chaque mois.

Et ça ne s'arrête pas à ce stade là, ce fonctionnaire, comme tous les corps d'états et métiers, porte un habit qui le caractérise et spécifie son appartenance à une institution qui l'emploie. A toutes les manifestations au sein de la communauté sa présence est obligatoire. Il est invité pour donner son avis à travers les ondes de la radio et des émissions télé. A-t-il tort ou raison ? Ce qui se passe sur le terrain, au sein de la société profonde, confirme ou bien fausse ses déclarations.

……………………… ………………………… ……………

En parallèle à ces hommes et femmes de métier ayant suivi une formation appropriée à la pratique de la religion, d'autres personnes des deux sexes ne ratent aucune occasion pour formuler leur avis. De bouche à oreille sinon à travers les médias. Indépendants et ne perçoivent aucun pécule et agissent, selon leurs propos, en réparateurs de grands maux qui minent la société. Qui a tort et qui a raison ; une simple bonne foi contre un salaire et une situation !?

……………………………… ………………………………… ……………………………….

L'extrémisme existe dans tous les domaines au sein de la société. Il est parfois maladif ou bien cache des buts inavoués. Celui lié à la religion n'a pas son égal. Les causes ne manquent pas pour créer à l'injustice et clamer haut et fort que tous les maux, que connaît la société des temps modernes, relèvent d'irréligion. De bonne foi on utilise la religion comme lutte pour la survie. Avec le temps cette revendication légitime au départ prend une autre tournure pour s'élargir et englober d'autres horizons. De malins hommes politiques sans base populaire pour asseoir leur vision trouvent là une aubaine pour promettre monts et merveilles aux membres fondateurs de telle association à caractère religieux. Si cette opération réussit, il y a comme l'histoire d'un cours d'eau détourné.

………………………… …………………………………. ……………………………

Obéissance aveugle, y compris en religion, n'augure rien de bon. L'être humain, doué de raison, doit conserver sa tête sur ses épaules. Il n'y a pas de recettes miracles et les nations développées ont longtemps tâtonné pour produire des programmes d'actions qui incluent tous les membres vivants au sein de la société.

Fini le temps des rois, si miracle il ait cela commence avec notre venue au monde et notre disparition qui survient sans crier gare. Que représente notre race par rapport à toutes les créatures du bon Dieu, toutes réunies ? Ces monts et ces vallées ; ces hautes montagnes et ces mers et océans, n'est-ce pas des miracles comparativement à untel qui prétend allumer du feu sans allumettes ni bois ? Et même si cette opération est réussie, jamais, au grand jamais, il ne divulguera son secret…. !

Chapitre : 27

Le bon Dieu a fait descendre sa grâce sur une créature, Adam et sa progéniture. De par ses limites à savoir :

---- début et fin ;

---- ses organes forts limités ;

---- son savoir qui commence à partir de zéro information après la naissance, et quel que soit l'étendue de cette science, elle n'ôte rien à la condition d'être humain etc.

Inconsciemment cette créature cherche une entité plus intelligente, plus savante et plus grande qu'elle. La plupart du temps elle se fourvoie pour adorer n'importe quoi ; plaisir et utilité ne vont pas toujours de pairs. La plupart du temps, le fruit d'un travail ne s'obtient qu'après une persévérance et une longue patience. Déjà rien qu'à l'idée ferme que toute chose en ce bas monde a une fin cela réconforte et apaise l'âme.

……………………………… ……………………………… ……………………

Bien au début, l'âme, que beaucoup de savants pensent être que le cerveau en est l'incarnation, a la spécificité d'enregistrer les informations utiles à l'évolution de l'entité qui la porte. Dire que ses possibilités augmentent et diminuent selon l'état de santé de cette dernière n'est pas dénuée de tout fondement. Cependant, notre organisme ne dépend pas uniquement des trois matières : nourriture, eau et air. Sensible à tout ce qui évolue dans notre environnement immédiat, on réagit par le moyen de nos émotions. Frôler de notre main quelque chose ; humer une odeur ; ressentir le froid et la chaleur ; écouter une musique douce ou être dérangé par un tintamarre assourdissant etc. tout cela atteste on ne peut mieux de la présence en notre sein d'un élément essentiel : l'âme.

Chapitre : 28

Les difficultés en matière de pratique de la religion viennent avec l'idée même de cette pratique, genre tuer ce projet dans l'œuf. Il y a comme une tentative de manipuler le cerveau et lui introduire une sorte de virus. La difficulté majeure et qui revient tout le temps est la formulation d'une question fort embarrassante, et pour y répondre il faut faire appel à un certain bon sens que tout le monde n'est pas en mesure d'avoir. Les yeux s'aveuglent ; les oreilles deviennent sourdes pour ignorer ce qui évolue autour de nous et on ira jusqu'à vouloir avoir des informations particulières, concernant notre créateur. Hélas, notre condition de simple créature telle qu'elle : faible ; chétive ; ignorante ; autrement, on ne serait plus de simples êtres humains. Accepter cette réalité constitue un premier pas lancé dans cette direction pour adorer un bon Dieu que même les arches anges n'ont pas vu et ne connaissent que par ses qualités et ses signes.

…………………………… …………………………………… ……………………………

Cette première pente surmontée, le mal revient à la charge pour inoculer son venin, et selon notre situation, il ne susurre :

----- malade ? Le bon Dieu ne t'aime pas, et pour quoi ce mal qui te ronge ? Bientôt tu vas trépasser, alors qu'untel est en bonne santé, il est riche comme crésus et il n'a que faire de se plier à quelque chose d'Invisible…… qui n'existe peut-être pas…… !?

----- riche ? Il te tient un autre discours qui t'incite à partir à la recherche de tous les plaisirs….. À ta place, untel aurait fait ceci et cela. Point d'aumônes à donner aux fainéants, des vicieux……. !

…………………………………………… ………………………… …………………

Comme n'importe quel produit à l'état brut, il est un tas d'opérations, en ce qui concerne la purification de cette âme qui ne cherche qu'un prétexte pour se rebeller. On apprend au fur et à mesure qu'on avance sur cette voie qu'est la religion, à bien connaître la nature du mal. Science et connaissances diverses apportent un soutien moral ; la fréquentation assidue des lieux du culte --- maison de Dieu et les relations avec les fidèles pratiquants éloignent les idées noires et érigent un rempart contre le mal. De la patience ; de la patience ; de la patience, est une arme redoutable, elle en est le fondement de la religion.

Conclusion

Trop de questions inutiles entravent un tant soit peu la pratique de la religion qui est beaucoup plus un travail que de la simple parole..... Avec la religion, on est appelé à vivre des situations particulières et surtout agir. Si on croit en Dieu, bon et miséricordieux, on renie de facto Satan, toute une dimension qui symbolise le mal...... et cela n'est guère suffisant, il faut s'attendre à des représailles ; le mal existe bel et bien et il travaille sans relâche. Nous les humains constituons une sorte de lopins de terres que les adeptes du mal cultivent qui mieux mieux. L'habit ne fait pas le moine ; la religion n'est pas un métier moyennant un salaire..... On peut être contre tout le monde, lorsqu'il s'agit de gens méchants, et rester fidèle à son créateur. Les qualités essentielles qui caractérisent les fidèles serviteurs du bon Dieu sont, entre autres : la patience ; la bonne volonté ; le pardon ; le non recours à la violence. Pacifique et pacifiste, il faut l'être jusqu'aux bouts des ongles.

Fin

Sommaire

Printed by Books on Demand GmbH, Norderstedt / Germany